AF339653

LES ESPÉRANCES DE LA FRANCE

ALLOCUTION

PRONONCÉE

le 11 octobre 1892
Dans l'église paroissiale de Fleury

AU SERVICE POUR LES SOLDATS TUÉS AU COMBAT D'ORLÉANS

PAR

M. L'ABBÉ BELLET

Chanoine honoraire, Aumônier du Lycée

ORLÉANS

IMPRIMERIE PAUL GIRARDOT

VIS-A-VIS DU MUSÉE

1892

LES
ESPÉRANCES DE LA FRANCE

LES
ESPÉRANCES DE LA FRANCE

ALLOCUTION

PRONONCÉE

le 11 octobre 1892
Dans l'église paroissiale de Fleury

AU SERVICE POUR LES SOLDATS TUÉS AU COMBAT D'ORLÉANS

PAR

M. L'Abbé BELLET

Chanoine honoraire, Aumônier du Lycée

ORLEANS

IMPRIMERIE PAUL GIRARDOT

VIS-A-VIS DU MUSÉE

1892

LES
ESPÉRANCES DE LA FRANCE

> *Non contristemini, sicut et cœteri qui spem non habent.*
>
> Ne vous abandonnez pas à la tristesse, comme les autres hommes qui n'ont pas d'espérance.
>
> (I Thessal. IV, 12.)

Messieurs,

C'est le propre des hommes véritablement forts de ne désespérer jamais. Lorsque l'épreuve les visite, ils ne se laissent point abattre par elle, mais, convaincus qu'il existe des remèdes pour tous les maux et que ceux-là se défient injustement de leurs destinées et trahissent leur devoir, qui, aux heures malheureuses, se contentent de gémir et de pleurer, ils se tiennent debout dans l'espérance, souriant, à travers leurs larmes, à un lendemain meilleur.

Rien ne donne cette force, rien ne soutient cette espérance comme la religion. La religion en effet nous découvre, au dessus des événements, la main qui les dirige, main paternelle dont les coups, même lorsqu'ils paraissent le plus rigoureux, sont toujours inspirés par un dessein d'amour et qui n'humilie jamais que pour relever.

Telle est la haute leçon que saint Paul nous propose dans le texte que je vous ai cité. Empressons-nous de la recueillir.

Un service funèbre vient d'être célébré devant nous ; nous avons prié pour les soldats qui sont tombés près d'ici, il y a vingt deux ans, sous le feu de l'ennemi et dont la mort prématurée a mis le deuil dans leurs familles et dans le pays tout entier ; les douloureux souvenirs des malheurs de la France remplissent nos esprits ; il nous sied donc d'être tristes, mais *non pas à la manière des hommes qui n'ont pas d'espérance.*

Nous avons une espérance, Messieurs.

. Nous espérons que ces jeunes hommes revivront ; que dis-je ? nous souvenant que Dieu a des récompenses magnifiques pour tous les sacrifices chrétiennement accomplis et que la cause de la patrie est une cause sainte, nous avons la ferme confiance que nos défenseurs ont déjà reçu, en échange de la vie terrestre, la vie de l'éternelle gloire.

Nous espérons aussi — et il plaira, Messieurs, à votre patriotisme que j'insiste là-dessus dans ce discours, — nous espérons aussi que la France verra la réparation complète de ses désastres de l'année terrible et qu'elle redeviendra la reine du monde, la gardienne respectée de tous les droits, la protectrice de toutes les saines libertés, l'orgueil de ses enfants.

Ah ! combien j'aime à affirmer ces espérances dans un temple catholique, au nom de la religion du Christ qu'on pourrait appeler la religion des résurrections, tant de fois, depuis dix-neuf siècles, elle a déconcerté ses ennemis qui croyaient l'avoir à jamais détruite ! Sans doute, les sociétés purement humaines ne peuvent pas compter, dans la même mesure que l'Eglise, sur une assistance divine qui leur permette de survivre à toutes les tempêtes et de se perpétuer, du moins il y a pour elles des gages de vie longue et glorieuse ; et ces gages, la France, plus que toute autre nation, les possède.

En voici quelques-uns.

C'est d'abord la valeur de ses enfants.

Il nous est facile en cet anniversaire de la célébrer. Que fut le 11 octobre 1870 ? Vous le savez, Messieurs, il fut, comme tant d'autres journées de cette guerre néfaste, une journée d'héroïsme. Notre armée avait reçu l'ordre de se replier sur la rive gauche de la Loire ; il fallait protéger sa retraite. Les ennemis, au nombre de 40,000 et soutenus par 150 pièces de canon, la menaçaient. On laissa, pour les arrêter, dans les plaines d'Ormes, de Saran, des Aydes, de Fleury, 6,000 soldats d'infanterie avec 6 pièces de 4. Les Français étaient donc un contre sept, mais quels hommes ! Ils luttèrent jusqu'au soir, défendant pied à pied le terrain, se faisant de chaque maison une forteresse. A la fin, un grand nombre d'entre eux étaient tombés ; les autres durent cesser le combat, mais l'armée française était sauvée.

De semblables faits d'armes, où les fils de la France se signalèrent par leur désintéressement et leur bravoure, on en citerait beaucoup dans nos annales.

Or, Messieurs, nos soldats n'ont pas dégénéré et il y a encore bien des héros parmi eux. Fortifiés dans l'estime et l'amour de leur vocation par la pensée des légitimes revendications à poursuivre, commandés par

des chefs d'un incontestable mérite, ils
n'attendent qu'une occasion — ne devrais-je
pas dire que, cette occasion, ils l'appellent
de tous leurs vœux ? — pour se montrer à la
hauteur de leurs devanciers et couvrir encore
de gloire le drapeau de la France.

Par leurs qualités, nos soldats font res-
plendir, sous la forme que comporte leur état,
nos vertus nationales, et c'est dans ces vertus que je trouve un nouveau motif d'espérance, un nouveau gage de relèvement pour
notre pays.

Ce qui fait les grands peuples, ce n'est ni
la fertilité du sol, ni la puissance des moyens
de défense, ni même le progrès des lumières
dû à la rencontre des hommes de génie, ni
enfin aucun de tous ces avantages matériels
ou intellectuels dont nous pourrions, à bon
droit, nous prévaloir, ce sont les vertus nationales, seules capables d'inspirer les œuvres de dévouement pour le bien public.

Or ces vertus existent chez nous, Messieurs.
La voix la plus auguste qu'il y ait au monde,
celle du Souverain-Pontife, nous en décernait
naguère un éclatant témoignage, lorsque,
nous adressant les conseils de sa sollicitude,
il nous appelait solennellement la très noble

nation des Français, *nobilissima Gallorum gens*. On peut regretter les conflits d'opinions qui se produisent parmi nous et plus encore les écarts de langage et de conduite auxquels, dans la lutte des partis, les uns et les autres se laissent parfois entraîner ; mais toutes les âmes n'en demeurent pas moins en possession d'un fonds de générosité naturelle qui est le principe de cette noblesse proclamée à notre louange par l'immortel Léon XIII.

Jugez-en, Messieurs. Lorsque, dans les tristes jours auxquels la cérémonie présente nous reporte, la patrie a été en danger, y eut-il une classe de la société qui ne s'employât à la secourir? Y eut il un cœur français qui ne saignât de nos infortunes ? Et maintenant, après plus de vingt ans écoulés, qui oserait prétendre que la France a oublié ses humiliations, qu'elle a pris son parti de son démembrement, que sa blessure est cicatrisée? Si vous entendiez un pareil blasphème, Messieurs, vous vous lèveriez tous pour protester ; aussi bien notre seule présence ici, aujourd'hui, 11 octobre, est la preuve que nous ne sommes indifférents ni à nos défaites d'hier ni à nos victoires de demain. — Où donc encore l'amour des gloires nationales est-il plus vivant que chez nous?

Nos villes sont couvertes de statues et de mo-
numents élevés à nos concitoyens les plus
illustres. Que la France reçoive au dedans ou
au dehors des marques d'estime et de sym-
pathie, que l'univers entier vienne applaudir
à nos progrès dans les sciences et dans les
arts, ou qu'un noble et puissant monarque
s'honore de notre amitié, ou que nos compa-
triotes se fassent chez des peuples à demi
barbares les apôtres de la foi chrétienne et
de la civilisation, il n'est pas un Français qui
ne tressaille de fierté et de joie. — Enfin
lorsque les hommes qui représentent plus
directement le pays, les magistrats qui l'ad-
ministrent, les chefs militaires qui le défen-
dent, vont porter quelque part le prestige de
leur dignité, l'autorité de leur caractère, ce
sont, pour les recevoir et les acclamer, des
fêtes enthousiastes auxquelles toute la France
est attentive.

Ainsi, chez nous, le mot de patrie n'est pas
un vain mot. Je vous en prends particulière-
ment à témoin, vous, Orléanais, qui, depuis
plus de quatre siècles, célébrez si dignement
la sainte libératrice de votre ville, donnant
à vos hôtes un remarquable exemple de
l'union que doit engendrer parmi nous le
souvenir de nos gloires publiques ; et vous

aussi, habitants de Fleury, qui, ayant reçu le dépôt de la dépouille mortelle de nos défenseurs, nous conviez chaque année à cette touchante cérémonie de fidélité religieuse et patriotique.

Telles sont, pour nous renfermer dans le domaine de la vie civile, quelques-unes de nos vertus nationales. J'ai nommé la reconnaissance pour les services rendus, l'abnégation dans la vie privée et le dévouement aux intérêts communs, le respect des pouvoirs établis, la confiance dans l'armée, j'ai nommé enfin l'amour de la France.

En vérité, une patrie que ses enfants aiment à ce point est destinée à grandir !

Je vous présenterai, enfin, Messieurs, un fondement plus solide encore de vos espérances, la protection de Dieu.

Dieu relèvera la France à cause de sa mission.

Depuis le jour où, par le baptême de Clovis, elle s'est donnée à lui, il s'est servi de son bras, *gesta Dei per Francos*, et rien ne nous autorise à penser qu'il s'est à présent détourné de nous et qu'il a fait choix d'un autre instrument pour ses œuvres. Dieu nous a abaissés, il est vrai, mais il ne faut nous en prendre qu'à nous-mêmes qui avions mérité de l'être. Dieu nous a abaissés ; du moins a-t-il eu soin de rendre évident aux yeux de tous que nos insuccès provenaient de sa justice et non de la supériorité de nos ennemis. Croyez-en le témoignage de celui qui est actuellement le chef suprême de notre armée : « L'ensemble des coïncidences malheureuses, a-t-il écrit, a été tel que véritablement, quand on l'envisage, on est tenté de se demander s'il n'y a pas eu là quelque raison supérieure aux causes physiques, une sorte d'expiation de fautes nationales ou le dur aiguillon pour un relèvement nécessaire. En présence de si prodigieuses infortunes, on ne s'étonne plus que les âmes religieuses aient pu dire : *Digitus Dei est hic*, le doigt de Dieu est là ! (1) » Ainsi notre fierté est satisfaite, nous n'avons pas été les vaincus des hommes. Dieu nous a abaissés, mais, bien loin que ce souvenir nous porte à murmurer contre lui et nous décourage, nous devons, au contraire, reconnaître dans ces abaissements mêmes un signe de sa bonté, car si un père châtie ses enfants, c'est toujours pour les arracher à leurs

______

(1) *La guerre en province pendant le siège de Paris*, par M. de Freycinet, 6ᵉ édit., p. 350 et 351.

désordres et les sauver. Ouvrez d'ailleurs l'histoire. Il y a eu pour la France des époques où, foulée aux pieds des hommes, elle semblait en même temps abandonnée de Dieu, et Dieu n'a pas hésité ensuite à opérer des miracles pour la délivrer : souvenez-vous de sainte Geneviève et de Jeanne d'Arc. Aujourd'hui nous n'attendrons pas du ciel des miracles, Messieurs, nous ferons mieux ; chacun de nous secondera par ses vertus les desseins de la miséricorde divine et la France, redevenue fidèle, méritera encore le beau titre qu'un des plus illustres de ses enfants (1) a voulu, pour toute épitaphe, sur sa tombe : *miles Christi* ; elle sera plus que jamais le soldat du Christ.

Dieu nous relèvera aussi à cause de nos prières.

Qu'elles sont nombreuses, Messieurs, et qu'elles sont ferventes les prières qui montent vers Dieu pour la France ! C'est la prière des petits enfants auxquels nous enseignons à joindre les mains et à implorer pour notre pays la paix, la prospérité et la gloire. C'est la prière des jeunes gens

---

(1) Le général de Sonis.

qui, avant de s'enrôler dans la milice, déposent sur l'autel leur épée, afin d'être plus sûrs de la porter toujours en vrais Français et en vrais chrétiens. C'est la prière des millions de fidèles qui, chaque dimanche, unissent leurs voix et leurs cœurs pour demander le salut de la patrie. C'est la prière des chrétiens des contrées lointaines auxquels nos missionnaires apprennent à aimer le pays qui leur envoie des sauveurs. C'est la prière des prêtres et des religieux que l'on calomnie quand on les accuse de n'être point patriotes et que l'on a toujours trouvés et que l'on trouvera toujours prêts à suivre le drapeau national sur le chemin du devoir et de l'honneur. C'est la prière des victimes de toutes nos batailles, des victimes du 11 octobre, dont la mort, généreusement acceptée par eux, a pris devant Dieu le caractère sacré d'un martyre. C'est votre prière, Messieurs, celle que vous avez apportée ce matin, avec un si louable empressement, dans cette église. C'est enfin la prière du Médiateur suprême, Notre-Seigneur Jésus Christ, qui vient de renouveler encore devant nous et pour nous son sacrifice rédempteur.

N'en doutons pas, des supplications qui

s'élèvent ainsi de la terre, portées sur les ailes de la foi, de l'innocence, de la charité, de la reconnaissance, du sacrifice, vont droit au cœur de Dieu. Que nous faut-il de plus pour ouvrir largement nos âmes à l'espérance ?

Et maintenant, allons déposer un dernier hommage et une dernière prière sur la tombe de nos soldats et apprenons d'eux à croire plus fermement, s'il est possible, aux immortelles destinées de notre chère patrie. Cette foi les a soutenus dans le combat et elle les a consolés dans leur mort. Qu'elle nous réconforte à notre tour ! Une cause juste et sainte doit triompher, après que des victimes aussi nobles et aussi pures se sont offertes pour elle. Le sang des martyrs a été une semence de chrétiens ; le sang de nos guerriers sera une semence de héros. Les Français peuvent mourir, mais la France ne meurt pas !

IMP. PAUL GIRARDOT. — ORLÉANS

www.ingramcontent.com/pod-product-compliance
Lightning Source LLC
Chambersburg PA
CBHW061827060726
47597CB00008B/3397